DE L'IMPRIMERIE DE FIRMIN DIDOT.
IMPRIMEUR DU ROI, DE L'INSTITUT, ET DE LA MARINE,
RUE JACOB, N° 24.

AGAR ET ISMAËL,

OU

L'ORIGINE DU PEUPLE ARABE.

SCÈNE ORIENTALE EN VERS,
REPRÉSENTÉE AU THÉATRE DE L'ODÉON, LE 23 JANVIER 1818.

PAR NÉPOMUCÈNE L. LEMERCIER,
MEMBRE DE L'INSTITUT (DE L'ACADÉMIE FRANÇAISE).

> Errabat in solitudine Bersabee ; cumque consumpta esset aqua
> in utre, abjecit puerum subter unam arborum quæ ibi erant,
> et abiit, seditque è regione procul quantum potest arcus
> jacere ; dixit enim : « Non videbo morientem puerum. » Sedens
> contra, levavit vocem suam et flevit. (GEN. cap. 22.)

A PARIS,

CHEZ NEPVEU, LIBRAIRE,
PASSAGE DES PANORAMAS, N° 26.

1818.

AGAR ET ISMAËL,

OU

L'ORIGINE DU PEUPLE ARABE.

SCÈNE ORIENTALE.

———

SECONDE ÉDITION.

AVERTISSEMENT.

L'idée de la scène d'Agar et Ismaël me fut inspirée, à l'époque où l'armée française revint d'Égypte, par le desir d'offrir à nos braves un tableau touchant qui pût leur plaire, en leur présentant l'image des contrées brûlantes qu'ils avaient parcourues victorieusement. L'année 1801 vit paraître la première édition de cet essai littéraire, et cette date seule dément le faux bruit qui m'a imputé d'en avoir tiré le canevas d'une mauvaise pantomime allemande, jouée en 1817 sur le théâtre de l'Odéon. Je reproduis textuellement ici quelques mots de l'avertissement que je fis imprimer en tête de ce court ouvrage.

« J'espère que ce dialogue pastoral ne sera pas sans
« intérêt pour le lecteur : il forme un petit drame qui a
« son exposition, son nœud, et son dénouement. Théo-
« crite nous a laissé des modèles en ce genre. Les Ro-
« mains se plaisaient à entendre les Bucoliques de Virgile
« déclamées sur le théâtre : j'aurais été curieux de voir
« quel effet y eût produit la scène d'Ismaël. L'extrême
« simplicité d'un pareil poëme eût empêché qu'il n'en-
« traînât une imitation dangereuse aux lois de Mel-
« pomène : on sent bien que tout véritable sujet de

« tragédie serait tronqué en une scène. Ce n'est donc
« pas ici mon respect pour les règles du bon goût qui
« m'arrête, mais la fatigue de tous les soins qu'il faut
« prendre pour faire représenter ses pièces par les
« comédiens. »

J'avais renoncé, comme on le voit, à soumettre cet
acte au jugement du parterre, lorsque Lebrun, Delille,
Ducis, et Bernardin de Saint-Pierre, mes amis et mes
guides, m'encouragèrent à tenter un jour de lui donner
une existence dramatique, et m'en présagèrent le bon-
heur. Le plein succès qu'il a obtenu du public assemblé
n'a pas trompé leurs pressentiments, et m'a confirmé
toute la valeur de leurs suffrages. C'est une belle expé-
rience faite.

Si l'on me demande compte, à cet égard, des règles
que j'ai rigoureusement analysées dans mon *Cours de
Littérature*, on verra que ma pratique correspond avec
ma théorie, en lisant dans mon traité de la tragédie
l'article qui concerne *l'ordre des scènes capitales*,
article où j'enseigne comment elles doivent former un
tout partiel, qui ait son commencement, son milieu, et
sa fin. L'application exacte de cette méthode a plus
contribué, je pense, à la réussite de l'épisode d'Agar
et Ismaël que les figures du style; car la difficulté de
bien conduire un long fil sans le rompre, et de varier
une même situation par les seuls mouvements de l'ame,
est plus grande que celle d'ennoblir le langage et d'épu-
rer des vers.

Toutes les précautions de l'art n'auraient pas garanti ce dialogue des écueils qui le menaçaient au théâtre, si je n'eusse été très-habilement secondé par le zèle égal à l'intelligence des deux jeunes actrices qui ont soutenu mes deux rôles durant un acte entier. L'une et l'autre ont su porter avec aisance, force, et délicatesse, tout le poids de mon entreprise hasardeuse. L'un des personnages exigeait un naturel sensible et fin; l'autre voulait le talent exercé d'une tragédienne. Il suffira, pour en convaincre les personnes qui souhaiteront jouer cette pièce, de leur en tracer les caractères.

Ismaël, animé par le feu de son âge et par le climat qui l'a vu naître, altéré, mourant de fatigue, doit surmonter les peines qu'il exprime afin de n'en pas accabler sa mère : il lui faut l'accent de l'amour filial et du courage d'un adolescent révolté contre les maux de la nature, et destiné par le ciel à devenir un chef de tribus. Les expressions amollies de l'abattement et de la douleur en un enfant ordinaire eussent mal rendu ce qu'il est, et ce qu'il éprouve. Mademoiselle Perroud a vivement saisi ces nuances; et le parterre a fait éclater par ses applaudissements la surprise que lui causaient la simplicité de son jeu et l'usage de qualités qu'il ne lui connaissait pas dans un genre nouveau pour elle.

Agar, femme ardente, altière et punie, victime d'un orgueil qui lui attira la répudiation et l'exil, Agar traînant à ses côtés dans les sables son enfant prêt à

périr, dévorée par les rayons du soleil d'Asie et par la
soif, contrainte d'étouffer en son sein le secret d'un
malheur qui épouvanterait son fils, réduite à lui révéler
l'affront de son bannissement, à s'arracher de ses bras
après mille incertitudes, enfin à le repousser loin d'elle
pour ne pas le voir mourir, et, par une contradiction
naturelle au désespoir d'une mère, à le rappeler par
ses cris dès qu'elle ne le voit plus, Agar livrée à
toutes les angoisses du cœur et de la mort, ne peut
exhaler faiblement ni ses plaintes, ni ses reproches, ni
sa tendresse, ni ses terreurs : elle doit passer tour-à-
tour de l'anéantissement à l'exaltation, de la contrainte
forcée aux plus violents transports douloureux ; elle
doit frémir, pleurer, tomber toute en larmes, se rele-
ver expirante, et, par un dernier effort, percer l'air
de sa voix, quand son enfant éloigné cesse de lui
répondre au milieu du désert. *Levavit vocem suam et
flevit*, a dit l'Écriture. C'est en graduant tous ces
chocs de sentiments contraires, si déchirants, que
mademoiselle Humbert a noblement ému les specta-
teurs, arraché les suffrages des hommes éclairés, et
déployé les ressources d'une actrice hautement et for-
tement tragique. Ce rôle difficile, varié, fatigant,
tenu constamment en scène, et toujours pathétique,
n'a pas épuisé la richesse de ses moyens et de son
organe : il est devenu la meilleure preuve du progrès
de ses talents, que le public s'est souvenu d'avoir

accueillis sur le Théâtre Français, en les applaudissant encore dans la salle où les partisans de la gloire théâtrale invoquent une concurrence favorable à l'émulation des acteurs et des auteurs, jaloux de régénérer l'art dramatique, et de prévenir la décadence du cothurne.

PERSONNAGES.

AGAR, Égyptienne, esclave d'Abraham..... Mlle HUMBERT.

ISMAEL, Son fils, né d'Abraham, âgé de quinze ans. Sa tête est ceinte d'un turban; il porte un carquois, un arc, et une coupe.   Mlle PERROUD.

La scène se passe au désert de Bersabée.

AGAR ET ISMAËL,

ou

L'ORIGINE DU PEUPLE ARABE.

AGAR, ISMAEL.

AGAR.

O Dieu! jette sur nous un regard paternel;
Soutiens la faible Agar et son fils Ismaël.

ISMAEL.

Ah! de feux trop ardents la route est dévorée.

AGAR, *posant un vase à terre.*

Attendons que du soir l'haleine tempérée
Ait de ce ciel d'airain adouci la rigueur,
Et répare un courage épuisé dans mon cœur.
Demeurons. (*Elle s'assied.*)

ISMAEL.

Ma fatigue à la tienne est égale.
Nos pas ont devancé la clarté matinale;
Et le soleil, qui luit sur les côteaux brûlants,

Déja ne laisse plus nulle ombre sur leurs flancs.

(*Apercevant une tente.*)

O ma mère! en ce lieu, quelle main secourable
Tendit aux passagers cet abri favorable?

AGAR.

L'hospitalité sainte, et chère à nos pasteurs,
Sans doute abandonna ces voiles bienfaiteurs
Aux mortels égarés qui, sans chameaux ni tente,
Traînent dans ce désert leur marche haletante;
Ou bien, cher Ismaël, durant l'éclat du jour,
C'est l'asyle ombragé des pâtres d'alentour.

ISMAEL.

Quel insensé jamais, en des champs sans verdure,
De ses troupeaux plaintifs chercherait la pâture?
Tout est nu; rien ne vit, ni bercail, ni hameau.
Ce vallon est affreux, muet comme un tombeau:
Le plus grand cri, frappant sa limite lointaine,
N'atteindrait à cette heure aucune oreille humaine.
L'horreur borne par-tout l'horizon que je vois,
Et du moindre ruisseau je n'entends pas la voix.

AGAR, *à part.*

O malheureuse Agar.... Il se taît... (*haut*) Quelle idée
Frappe soudain, mon fils, ton ame intimidée?

ISMAEL.

Cet homme que non loin nos yeux ont rencontré,

Aliment des oiseaux, reste défiguré,
Alors qu'il expira dans ces profondes plaines,
Si la soif a tari son ame dans ses veines,
En quel supplice lent sa vie a dû finir !

AGAR.

Sur ce triste sujet pourquoi t'entretenir ?

ISMAEL.

La trame de nos jours peut donc être coupée !
Jeune encore, j'ai vu les javelots, l'épée,
Sur les pas d'Abraham semer deux fois la mort :
Je ne m'expliquais pas la cruauté du sort.
Serons-nous désunis ? est-on, pour cesser d'être ?
Où sommeille à jamais l'aïeul qui te fit naître ?
Ce vieillard tout blanchi mourut comblé de jours ;
Il goûta les plaisirs semés dans leur long cours ;
Il connut, entouré d'une famille chère,
Les douceurs d'être époux, et celles d'être père ;
L'ennui des derniers ans l'avait appesanti :
Mais lorsqu'en sa jeunesse on est anéanti,
Comme toi, comme moi, qui, dans la fleur de l'âge,
N'avons pas de la vie achevé le voyage,
Quels regrets après soi ne doit-on pas laisser ?
Pour le finir sitôt faut-il le commencer ?

AGAR, *à part.*

Que veut-il dire, hélas !

ISMAEL, *après un court silence.*

En vain dans notre course
J'ai cherché sous les rocs les traces d'une source
Où mes lèvres au moins se pussent abreuver,
Sans demander cette eau que tu veux réserver.
Je n'en aperçois pas; et l'ardeur qui me presse....

AGAR.

Ah! respirant des airs toute la sécheresse,
Mon sein brûle de même, et nul soupir n'en sort.
Suis l'exemple, Ismaël, d'un courageux effort:
Le peu d'eau qui nous reste en ce vase d'argile,
Va nous être au départ un secours plus utile.
D'un refus rigoureux n'accuse pas le soin.

ISMAEL.

Marcherons-nous long-temps?

AGAR, *avec tristesse.*

Non, nous n'irons pas loin.

ISMAEL.

Eh bien, tentons encor d'achever notre route.

AGAR.

L'astre qui fait des cieux étinceler la voûte,
Aveuglerait nos yeux d'un rayon enflammé;
Mes pieds chancelleraient sur le sable allumé.

ISMAEL.

O toi, qui désolant la solitude aride,

Y lances en courroux ta lumière homicide,
Compte sur des autels, si mes vœux sont ouïs,
Soleil! flambeau fatal à mes yeux éblouis!
Voile-toi : cesse enfin de briller sur nos têtes
D'une sérénité pire que les tempêtes.

AGAR.

Qu'as-tu dit, ô mon fils? quel blasphême! quel vœu!
Es-tu né Chaldéen? un astre est-il ton Dieu?
De ton père Abraham trahis-tu la loi sainte?
La foi de l'Éternel en toi s'est-elle éteinte?
Ce soleil périssable, ouvrage de ses mains,
N'est que l'ombre du Dieu qui créa les humains.

ISMAEL.

Qu'il me pardonne, hélas! crois-tu qu'un tel blasphême
Ait sitôt courroucé sa majesté suprême?

AGAR.

Arbitre inexorable en ses grands jugements,
Il nous fait, tôt ou tard, subir nos châtiments.
Tous les maux qu'aujourd'hui la triste Agar endure,
Sont le prix mérité qu'il paie à son injure.

ISMAEL.

Ma mère, tes douleurs ont troublé mes esprits;
Ce spectacle a vaincu mon courage surpris.
De mes propres tourments j'étouffe mieux la plainte....
Mais pour toi, cher objet de tendresse et de crainte,

D'un sombre désespoir je sens mon cœur frémir
Quand je te vois pleurer, quand je t'entends gémir.
Plus triste que la nuit, tu marchais en silence.
Tandis que le respect me faisait violence,
Mon œil interrogeait l'effroi de tes regards,
Qui, s'adressant au ciel, errant de toutes parts,
Portaient, loin devant nous, leur vive inquiétude
Sur le sable orageux de cette solitude.
Ton oreille, en chemin, fermée à mes accents,
Écoutait du midi les souffles menaçants,
Et la foudre roulante en des vagues poudreuses.
Dis, parle, explique-moi tes alarmes nombreuses;
De notre droit chemin sommes-nous écartés?
Cherches-tu les sentiers que mon père a dictés?
Crains-tu, quoi? qu'il ne tarde à suivre ici ta trace?

A G A R.

O cruelle Sara! triste exil de ma race!

I S M A Ë L.

Que dis-tu?

A G A R.

De ma gloire ô garant précieux,
Qu'allez-vous devenir, ô promesses des cieux!

I S M A Ë L.

Les cieux ne trompent point.

A G A R.

Vain et malheureux gage

D'une postérité croissante d'âge en âge!

ISMAEL.

Les oracles divins, les démentiriez-vous?

AGAR.

Abraham! père injuste! et rigoureux époux!

ISMAEL.

Est-ce vous qui parlez? vous accusez mon père!

AGAR.

Lui, qui fait tes dangers, qui comble ma misère,
Et qui vers l'Arabie au loin nous laisse errer,
Peu touché de quels maux nous allons expirer!...
Est-ce donc là ton père?... il me chasse, il t'exile.

ISMAEL.

Serait-il vrai? qui? nous! bannis de son asyle,
Seuls, au fond des déserts, sans guide et sans secours!

AGAR.

Je voulais te cacher les périls que tu cours;
Tes pleurs ont de mon sein arraché ce mystère....
Tu trembles! tu frémis!... que n'ai-je pu me taire!

ISMAEL.

Oui, je crains, mais pour toi, non les brigands armés,
Ni des antres sanglants les monstres affamés;
J'ai mon arc, et la mort suit mes flèches lancées.
Hélas! sur nos destins de plus tristes pensées....
Retournons de mon père embrasser les genoux.

AGAR.

Apprends l'arrêt du ciel qu'il dicta contre nous.
Mon époux, que j'accuse, est l'organe inflexible
De ce fatal décret, pour lui non moins sensible ;
En me le prononçant il a versé des pleurs.
Ismaël, notre orgueil a causé nos malheurs.
Du Nil vers le Jourdain Sara m'avait conduite ;
Et son auguste époux, qui me vit à sa suite,
Aima ce peu d'attraits dont le ciel m'embellit :
Sa stérile compagne, en me cédant son lit,
D'un nœud bientôt fécond me laissant l'avantage,
Te livrait, ô mon fils, le plus noble héritage.
Mes nouveaux droits, haussant la fierté de mon cœur,
Ma bienfaitrice même essuya ma rigueur,
Je lui devins funeste, et, marchant sa rivale,
Méprisai ma maîtresse, et me crus son égale.
C'était peu : j'oubliais tous mes humbles travaux ;
Mes dédaigneuses mains rejetaient les fuseaux ;
Et des plus doux conseils bien loin d'être touchée,
Mon oreille superbe en fut effarouchée.
Dans le sang d'une esclave Agar puisa le jour ;
Devait-elle rougir d'être esclave à son tour ?
Ma maîtresse (et son Dieu le promit de sa bouche)
D'un fruit tardif alors vit honorer sa couche.
A peine à sa prière Isaac fut donné,

Ce frère inattendu détruisit son aîné ;
D'Abraham aussitôt tu perdis la tendresse....
Je le craignais du moins : ma jalouse maîtresse
De mes mépris altiers tenta de me punir ;
Indomptable, dès-lors je voulus me bannir,
Quand s'offrit sur ma route, ah ! quelle fut ma crainte !
Un des divins esprits, qui, de la terre sainte
Sans cesse à pas légers parcourant les chemins,
Des ordres du Seigneur instruisent les humains.
Terrible, armé d'un glaive étincelant de flamme....
Il m'arrêta.... Sa vue effraie encor mon ame.
Aux foyers d'Abraham il guida mon retour ;
Il me prédit le sort qui m'accable en ce jour,
Si le dépit rongeur de mon humble origine
Soufflait dans sa maison une guerre intestine :
Il me dit que Dieu même, à nos yeux dérobé,
Sous un utile joug tenait l'homme courbé ;
Que son ordre établit des bergers tutélaires,
Et rangea les troupeaux sous leurs lois salutaires :
Un roseau ne doit pas envier la hauteur
Du cèdre impérieux, son noble protecteur.
J'obéis, je revins, plaintive, humiliée.
Que dis-je ? leçon vaine, et trop tôt oubliée !
Le germe envenimé que mon sein a nourri,
S'épancha dans ton cœur, par mes discours flétri.

2.

Tu le sais : d'Isaac tu maltraitais l'enfance :
Son père, contre nous, le ciel prit sa défense.
« Agar, » me dit enfin Abraham irrité,
Attestant les saints droits de sa paternité,
« Du désert entre nous mets l'immense intervalle.
« Va porter loin de moi la discorde fatale.
« Je crains, si je résiste aux lois de l'Éternel,
« Que cet autre Caïn ne frappe un autre Abel.
« Va, pars avec ton fils : vos communes misères
« Instruiront les mortels envieux de leurs frères. »
Mon fils, tel fut l'arrêt de sa sévérité.

ISMAEL.

Ainsi, sa voix nous livre à la fatalité !
Suis-je coupable ? offrais-je un encens idolâtre ?
Quel crime ai-je commis, odieuse marâtre ?
Ton enfant Isaac, les cieux m'en sont témoins,
Fut le premier objet de mes fidèles soins.
Tantôt j'allais pour lui presser de doux laitages :
Sur son berceau paisible enlacer des feuillages :
Tantôt, d'un léger voile, au jour trop embrasé
Je cachais son visage à ses feux exposé.
Je détournais ses pas des eaux, des précipices ;
J'amusais sa faiblesse à guider mes génisses.
Sara l'accoutumait, pour prix de mes amours,
A bégayer l'outrage en ses premiers discours :

Son rang mit à nos jeux une importune entrave;
Je le nommais mon frère, il m'appelait esclave;
Et les droits qu'Isaac se crut sur Ismaël,
Ont rompu de nos cœurs le lien fraternel.
Fallait-il qu'Abraham m'apprît à me connaître?
Et, s'il devait punir la fierté qu'il fit naître,
Me dît qu'un patriarche et saint et vertueux
Revêt de son éclat d'innombrables neveux?
J'y consens, habitons ce lieu libre et sauvage....
J'y vivrai, j'y mourrai, sans fers, sans esclavage....
Indépendant, armé, vagabond et chasseur....
La nature y nourrit le milan ravisseur.
J'ai déja bien souffert.... je puis souffrir encore....
Homme cruel!... sait-il que la soif nous dévore?...
Ah! si je découvrais quelque puits reculé
Pour éteindre le feu dont mon sein est brûlé!...
J'ai tenu mes douleurs muettes et captives....
Donne-moi de cette eau, je meurs si tu m'en prives.
Ma mère, qu'attends-tu? ton fils pleure à tes pieds.

    AGAR, *avec l'accent de la plus profonde douleur.*
Bois donc les pleurs amers dont mes yeux sont noyés.
O désespoir!... cette eau.... pardonne à l'artifice
Qui du moins un instant recula ton supplice.
Ce secours, qu'à ma soif j'ai même refusé,
Tes lèvres l'ont tari.... Ce vase est épuisé.

ISMAEL.

Qu'entends-je?... misérable!... et le jour sans nuage,
Si loin de son déclin, n'annonce aucun orage!

AGAR, *avec attendrissement.*

Tais-toi, mon fils, tais-toi.

ISMAEL.

　　　　　　　Je souffre sans gémir.

AGAR, *à part.*

Son vain effort m'accable au lieu de m'affermir.

ISMAEL.

De l'antique Jébus vive et claire fontaine,
O Siloé! tes flots sont loin de cette arène!

AGAR.

O Jourdain!... ô palmiers de son onde abreuvés,
Ne reverrons-nous plus les bords où vous vivez?

ISMAEL.

Ce soir, tu tomberas, douce et fraîche rosée!

AGAR.

Avant que cette terre en puisse être arrosée,
Le ciel achevera mes pénibles destins.
Qui soutiendrait ici nos jours trop incertains?
Heureuse, heureuse l'heure où s'arrête une vie
De chagrins dévorants jusqu'au tombeau suivie.

ISMAEL.

Ah! plus heureuse encor la seule volupté

De nous voir l'un et l'autre, et de voir la clarté.

AGAR, *à part.*

Il périt.... et le jour lui paraît cher encore!....
Que le soir de sa vie est près de son aurore!....

ISMAEL, *à part.*

Elle sent comme moi son terme s'approcher....
Sur elle mes regards n'osent plus s'attacher.

AGAR.

L'aspect de son trépas épouvante ma vue.

ISMAEL.

Sa mortelle pâleur et me glace et me tue.

AGAR.

Cher Ismaël!

ISMAEL.

Eh bien!

AGAR, *tout en larmes.*

Il faut nous séparer....
Épargnons-nous l'horreur de nous voir expirer.

ISMAEL.

Oui, ce spectacle affreux abattrait mon courage.

AGAR.

Tes traits me font frémir.

ISMAEL.

Mon œil fuit ton visage.

AGAR.

Quittons-nous.... il est temps.

ISMAEL *avec tendresse.*

Tenons-nous en des lieux
D'où se pourront, de loin, répondre nos adieux.

AGAR.

Allons.... Je ne le puis.... La force m'est ravie....
(*Elle chancelle et s'assied.*)

ISMAEL.

Ciel! juste ciel! fais la revivre de ma vie.

AGAR.

Adieu, mon fils.

ISMAEL.

Cherchons si pour la secourir
Quelque homme hospitalier peut vers nous accourir.
O rayons consumants! ô ma mère! ô tendresse!
O douleur! Où traîner ma mourante faiblesse?
(*Il disparaît.*)

AGAR.

Je ne l'aperçois plus.... Son sort va donc finir!
Mon fils!

ISMAEL *sans être vu.*

Adieu, ma mère.

AGAR.

Il n'ose revenir.
Cher fruit d'un triste hymen!... où vas-tu? je frissonne....
Aux horreurs de la mort ainsi je l'abandonne,

Inhumaine! peut-être est-ce les redoubler.
Mon fils!... reviens mon fils!... ne peut-il plus parler?
Serait-il expirant?... Ah! mourons la première....
Mais s'il cherche une main qui ferme sa paupière....
Avec lui sous ce voile il faut m'ensevelir.
Je sens mon ame errer, mes genoux s'affaiblir....
Mes yeux sont obscurcis par des vapeurs funèbres....
Je cède.... où le trouver? ô subites ténèbres!
Mon fils!... eh quoi? mes cris sont déja superflus....
Ismaël.... c'en est fait!... Ismaël.... tu n'es plus!

(Elle tombe à genoux.)

Ah! joignons chez les morts mon fils et ma famille,
Terre de Misraïm! vois descendre ta fille
Aux lieux où dort l'esclave et le dominateur....
Quel bruit! la foudre gronde.... O souverain auteur!
Ne saurais-tu briser ta faible créature
Sans émouvoir la terre et toute la nature?
Je succombe.

(Elle s'évanouit : le tonnerre éclate; Ismaël paraît
tenant une coupe à la main.)

ISMAEL.

Vivez! vivez!... entendez-vous
Le dieu qui me ranime et qui veille sur nous?
(*Il donne de l'eau à sa mère, qui sort peu-à-peu*
de son accablement.)

AGAR.

Je renais.... Quelle main à ma lèvre altérée....
Il vit!...

ISMAEL.

Bois à longs traits cette onde inespérée.

AGAR.

Je te revois encore! Eh! qui t'a secouru?

ISMAEL.

Dieu, le dieu d'Abraham, dont l'ange est apparu.

AGAR.

T'en croirai-je? ô mon fils! Je doute si je veille....
Parle, raconte-moi cette prompte merveille.
Quel prodige me rend la force et ton aspect?

ISMAEL.

Mon cœur en est encore ému d'un saint respect.
A l'écart de ces lieux, sans voix et sans haleine,
Je tombai palpitant : déja, de veine en veine,
Courait par tout mon corps un froid saisissement :
J'avais dans tes regards lu ton dernier moment;
Et dans ton désespoir, effroyable présage,

De mon propre trépas s'était peinte l'image ;
Tant un regret sinistre, et mêlé de terreur,
Dans les traits des mourants imprime son horreur
« Ah ! disais-je, Ismaël, ton aurore s'efface
« Comme celle du jour, comme l'ombre qui passe ;
« Tu meurs en ton printemps, ta mère en son été :
« Il vaudrait mieux pour vous n'avoir jamais été. »
Je disais ; et la mort obscurcissait ma vue.
Alors autour de moi descendait une nue,
Et les airs tempéraient d'un souffle parfumé
Les arides chaleurs dont j'étais consumé.
Touché subitement par une main céleste,
Mon œil s'ouvre, ô d'un dieu puissance manifeste !
Ma langueur se dissipe, et, dans le même instant,
Sur un nuage d'or s'offre un ange éclatant.
Sa tête rayonnait de palmes glorieuses ;
Il déployait au ciel ses ailes radieuses ;
Et comme un lin qui flotte en légers plis mouvants,
Sa ceinture de flamme ondoyait sous les vents.
Tout-à-coup sur ma vue encor mal assurée,
Arrêtant de ses yeux la lumière azurée :
« Mortel, de qui tiens-tu le jour qui t'est donné ?
« Qui vint dire à ton père, Un enfant vous est né ?
« Qui lui dit, Il vivra ? Vois ce peuple d'étoiles
« Qui de la vaste nuit ont parsemé les voiles ;

« Je veux en nombre égal te donner des neveux,
« Nés de ton Ismaël, errants et belliqueux?
« Qui parlait? C'est le dieu dont je suis l'interprète;
« Ne crains donc plus la mort qui plane sur ta tête.
« Au milieu des déserts, dans le sein des cités,
« De l'homme aimé du ciel tous les jours sont comptés.
« Le joug est en horreur à ton front intrépide;
« Marche, tu ramperais en esclave timide
« Si ton cœur eût fléchi par ses maux abattu :
« Ta liberté sera le prix de ta vertu.
« Puise dans cette source à tes pieds jaillissante. »
J'obéis, et la foudre alors retentissante
Fend la nue à mes yeux étonnés et ravis :
Je t'apporte ma coupe; et, grace au ciel, tu vis!

AGAR.

Ah! de notre allégresse offrons à Dieu les larmes,
Et les embrassements dont nous goûtons les charmes.
Salut, ô roi du monde!

(*Elle se prosterne avec Ismaël.*)

ISMAEL.

         O transports inconnus!...
Que vois-je? ces vallons brûlants, âpres et nus....
La force audacieuse y fonde son empire....
Oui, Dieu parle à mon ame et son esprit m'inspire.
Quelle flamme m'éclaire en ma jeune saison,

Et mûrit tout-à-coup les fruits de ma raison ?
Je conduis, je protège une famille immense....
(*Il ramasse son arc et ses traits.*)
O mes flèches, armez ma fière indépendance !

AGAR.

Oui, c'est Dieu qui t'éclaire ! et nos cœurs éprouvés
Sont soutenus par lui, puisqu'il nous a sauvés.
Il t'a montré la mort pour t'en ôter la crainte.
Viens, marchons, livrons-nous à sa volonté sainte.
Cultivons ces déserts : leurs sables vont fleurir,
Les moissons y germer, les citernes s'ouvrir....
Va, la terre n'est point une injuste marâtre.
L'Arabe, né de toi, peuple guerrier et pâtre,
Vaincra de tes voisins l'orgueil usurpateur.
Des errantes tribus deviens le fondateur
Tes pavillons, dressés dans l'Afrique et l'Asie,
Posséderont des rois la dépouille saisie ;
Dieu sera ton seul maître, et, toujours indompté,
Tes lois seront tes mœurs, ton hospitalité ;
De ta sûre amitié ton pain sera le gage ;
Le sang paîra ton sang, et la mort ton outrage.
Des superbes loin d'eux osèrent t'exiler ;
Sois donc présent par-tout pour les faire trembler.
Égale d'Abraham la sagesse aguerrie ;
Ce noble chef qu'a vu l'Égypte, et la Syrie,

Qui, de palmes couvert, donnant à tous la loi,
Vivant, reçoit le prix qu'on n'obtient qu'après soi,
C'est ton père; et déja sa gloire signalée
Atteint comme un haut cèdre à la voûte étoilée :
De même, à tous les temps fais connaître Ismaël.
Dieu! soutiens sa vertu pour qu'il soit immortel.

FIN.

NOTES

On m'a dit, pendant l'impression de ce poëme, que madame de Genlis, connue par des ouvrages distingués, a composé sur l'exil d'Agar une scène en prose : je ne l'ai jamais lue. Tout objet présente mille points de vue différents ; et nous n'avons dû nous rapprocher qu'en tendant vers un but pareil, celui de toucher et d'instruire, elle des enfants, moi des hommes ; ce qui est la même chose. Ne sont-ils pas imprévoyants, colères, jaloux, et menteurs ?

PAGE 11.

Je le nommais mon frère, il m'appelait esclave.

Les querelles de la famille d'Abraham offrent une naïve allégorie des inimitiés engendrées par les distinctions sociales : le pénible voyage d'Agar et de son fils ressemble au passage difficile de l'esclavage à l'affranchissement : Ismaël, sitôt en proie au besoin dans le désert, est l'homme sans lois, séparé de ses semblables ; et l'indépendance farouche qu'il embrasse, paraît un courageux désespoir que lui inspire sa fierté naturelle.

Hic erit ferus homo ; manus ejus contra omnes, et manus omnium contra eum ; et è regione universorum fratrum suorum figet tabernacula.

Quelle sublimité dans l'Écriture-Sainte, qui peint en quelques traits rapides un peuple qui a tout menacé de ses conquêtes !

FIN DES NOTES.